Pensiero discordante
di Teresa Macrì

© 2018 Postmedia Srl, Milano

Copertina: Josef Albers mentre insegna al Black Mountain College, North
Carolina, 1946 ca. Courtesy: Genevieve Naylor/Reznikoff Artistic Partnership

www.postmediabooks.it
isbn 9788874902101

Pensiero discordante

Teresa Macrì

postmedia ● *data*

Oppio

Il pensiero è estensione, desiderio, pluralità, corpo, *veleno*, aura, *pelle*, senso, *simbiosi*, leggerezza, peso, esplorazione.

La prima dissertazione concerne il pensiero. Che significa pensare in una società che esercita l'anestetizzazione e la propria dispersione? Hannah Arendt suggeriva che pensare è dialogare con se stessi, cioè porsi di fronte alla scelta fra il giusto e l'ingiusto, il bello e il brutto. Chiunque pensa si dissocia, si allontana, anche senza operare, dissente e apre lo spazio al giudizio. Il pensiero è l'unica difesa contro la massificazione e il conformismo che sono le forme di imbarbarimento contemporaneo. Il riflesso è che il pensiero possiede in sé un effetto "distruttivo", tale da erodere alla radice tutti i criteri fissati, i fondamenti condivisi, i modelli del bene e del male, insomma tutte le consuetudini morali ed etiche. Urge, dunque, capire la sorgente da cui ha origine la caduta del pensiero e fissare, in una epoca che tende ad alienarlo, le ragioni della sua solitudine.

Urge altresì comprendere il suo "peso", il suo spazio e la sua arealità e dislocare i limiti in cui è stato finora costretto. "Il pensiero pesa esattamente il peso del senso" sostiene Jean-Luc Nancy ed il senso ha bisogno di una sua massa attraverso cui si lascia afferrare, toccare, modellare.

Il pensiero dissenziente pesa quanto la sua capacità di spazzare via i convincimenti consolidati, nella loro piattezza e sicurezza conducendoli alla perplessità, allo sconcerto e al loro diniego ed è, perciò, essenza che fluttua e si rimodula continuamente in quanto è inscritto e tatuato dentro il sapere delle civiltà. Non c'è stasi e neppure eternità in esso poiché *niente è per sempre*.

Costruire per distruggere è una condizione permanente per liberarsi dalla "violenza simbolica" dei concetti e tabù imposti, che sminuiscono l'attività speculativa dei soggetti e regolano la banalità culturale e conservatrice dell'odierna società contemporanea. Su come sia avvenuto questo appiattimento della soggettività, sulla frammentazione del suo immaginario e sulla mutazione antropologica dominata da un Super-Io sociale che inchioda al godimento superficiale e sottrae spazio al desiderio, bisogna concentrarsi e riflettere. Quasi che il soggetto abbia lasciato impoverire il proprio inconscio (inteso come giacimento del desiderio) per lasciarsi colonizzare da un Super-Io sociale che lo gratifica con un consumismo sfrenato e oppiaceo ma che lo condanna all'irrisolutezza psichica. Questo processo manipolatorio è perpetrato da un potere acefalo che non nega e non proibisce, ma, come direbbe Foucault, soggettivizza, produce. E produce la sua auto-legittimazione.

Qui bisogna più che mai schierarsi contro l'ordinarietà del pensare, ricucire il dislivello che esiste tra la sua profondità e la sua superficie e prendere posizione contro la opacizzazione della dialettica che sono divenuti, oramai, comportamenti sociali determinanti. E ancora, sostenere con tutte le proprie forze, il potenziamento dei livelli educativi e formativi abbandonati al loro triste decadimento.

Gilles Deleuze fa del pensiero una "potenza nomade", una "macchina da guerra" che fa saltare tutti i codici e non si lascia disciplinare. Questo è il punto filosofico: misurare lo scarto che distanzia la seduzione della codificazione (intesa come dispositivo di potere) alla resilienza ad essa.

La storia dell'umanità è fatta di contrapposizioni, contrasti, disparità. Sostanzialmente di paradigmi che si scontrano per affermarne l'egemonia politica e culturale. E il paradigma, essendo un modello di infinite ripetizioni e di rassicuranti conferme, è in ogni senso un movimento demonico che tende a escludere o includere i soggetti. Su ciò vorrei soffermarmi e penetrare tra le pieghe del contrasto che intercorre tra sentire comune e pensiero dissenziente.

In questa epoca di deriva, in cui buona parte del pianeta appare oppiato e ipnotizzato in una univoca visione del mondo, compiaciuta di se stessa e sublimata da reconditi meccanismi di produzione del consenso, è necessario fermarsi e ragionare sulle sollecitazioni e sulle visioni che si distaccano da essa. Quelle che si oppongono al suo habitus, costituito da un insieme di schemi mentali che sono modellati dall'esperienza corrente e dalla traiettoria sociale, e di conseguenza interiorizzati, e che orientano l'azione tossica di maggioranze pericolose.

Bisogna analizzare, dunque, le spinte antagoniste che si manifestano nel fare estetico che elaborano sensi e significati divergenti dal mood che pervade l'ordine simbolico dominante.

L'arte, per le sue connaturate proprietà, ha da sempre incarnato una valenza oscillatoria: compiacente o antagonista al pensiero predominante. Di quest'ultima ci preme. Di quell'orizzonte che riesce a smarcarsi dal confortevole ruolo contemplativo e prende le distanze dalla creazione di stereotipi culturali di alterità sociale, razziale e sessuale (che è stata spesso più o meno sottilmente sostenuta dalla visualità), che si libera dalla stagnazione documentativa e si spinge verso la prefigurazione di *oasi* alternative e di universi scomodi e taglienti. Quell'orizzonte che aspira a destabilizzare le regole, scavalcando il dominio di assunti e di norme prevalenti ma non per questo naturali o inevitabili.

Entra qui la capacità del soggetto di staccarsi da ogni forma di pregiudizio critico rispetto a categorie estetiche e morali che pregiudicano la sfera del sensibile. L'identificazione del concetto di bello e quindi del suo contrario è soggettivo e coincide esattamente alla capacità intellettiva e culturale con cui l'essere sente il mondo. Il riconoscimento delle categorie estetiche correnti è, infatti, supportato da un giudizio emesso da collettività intolleranti rispetto a ciò che è diverso dalla propria idea di norma. Soprattutto perché l'idea che la norma sia un valore assoluto e non transitorio è diventato l'alibi dell'assoggettamento culturale. É evidente che la maggior parte della costruzione intellettiva della società viene elaborata dentro un apparato di valori convenzionali in cui la certezza di appartenere ad esso infonde garanzia ma relega all'inautenticità. Ma l'idea di bello e di bellezza (così affannosamente rincorsi nella storia delle immagini e del pensiero occidentale) è totalmente anarchica ed è connessa ai sentimenti della propria coscienza. È una bellezza insolita e mesmerica quella a cui, qui, si fa riferimento, che si scosta dai pregiudizi di un moralismo dogmatico e che schernisce quella intellighenzia bigotta ancora perseverante. Una bellezza di *fosforo e blu* che è generata dall'attrazione elettiva che azzera lo stereotipo e premia l'esclusivo, che si riprogetta, che spiazza e che seduce poiché incarna la fantasia alla realtà.

La passione per il reale, infatti, governa intensamente il fare artistico, contagiando fortemente l'opera d'arte e conferendole una qualità enfatica e partecipativa che la sottrae alla sua intenzionalità simbolica. In quanto produzione enfatica e proiettiva la sua caratteristica è quella di introiettare l'umoralità postmoderna con i suoi *germi* disseminati tra alienazione e disagio, tra paura e psicosi e anche tra pura gioia e soddisfazione, superando quell'affinità gombrichiana tra arte e illusione che, per molto tempo, ha governato l'opera. Nell'introdurre il reale all'interno dell'esperienza estetica quindi e nel superare la sua caratteristica edonistica, avviene una sorta di *metamorfosi* esperenziale che la ridefinisce: essa non è più consolatoria, né illusionistica né simbolica. Mira ad un processo di relazione, di cattura, di harnessing dello spettatore, attraverso espedienti concettuali, tematici, pulsionali e formali. L'oggetto artistico diviene esattamente una esperienza fenomenica poiché si fa carico di trainare con sé/in sé tutto il vissuto, il non vissuto, il precluso e il rimosso collettivo. Il diabolico meccanismo di ingenerare, attraverso un oggetto estetico, il principio di soggettivazione emozionale è parte della sua responsabilità creativa. Ma ciò che basicamente diverge tra l'edonismo acquiescente e il realismo stimolante, è la sua causalità. Il primo "intrattiene" la coscienza, il secondo la sollecita. Il primo è un processo mediato, il secondo è immediato. Il primo è preclusivo, il secondo è catartico. Il primo vuole gestire lo spettatore, il secondo lascia lo spettatore all'auto-gestione. Il primo è costrittivo, il secondo anarchico. Il primo è atrofizzato in categorie percettive passive in cui viene privilegiato il senso della vista, il secondo è decostruzionista in quanto multisensoriale.

Dunque l'impresa estetica è tale solo se intuisce e compone una concatenazione alternativa di espedienti, probabilmente utopici, che la fa fuoriuscire dai preconcetti per produrre esperienza.

Nulla di eclatante se non il sospetto che, oggi più che mai, per l'arte contemporanea, assumersi tale responsabilità è diventato un compito spinoso, legata com'è, ad un sistema *rapace* e iper-ruolizzato, addomesticata ad un mercato che le dà *ossigeno* ma al tempo stesso la asfissia. Così diventa appassionante scoprirne le sue posizioni critiche, i suoi ripensamenti, i suoi schieramenti, le sue aporie e le sue contromosse. Così come diventa ineludibile interrogarsi su come l'opera d'arte può conservare la sua autonomia culturale nella società post-capitalista e post-ideologica, domandandosi se, in un art system che tende alla generalizzazione, tale attitudine è diffusa oppure è semplicemente condivisa da una minoranza incline al dissenso. Scartando subito la seconda ipotesi che "normalizza" qualsiasi minoranza allorché la si rinchiude in sé stessa e la si immette in un meccanismo oppositivo, non resta che consolidare la prima. La rappresentazione artistica, comunque, tende a sottrarsi all'assoggettamento ideologico ed a elaborare l'attrito col reale, coi suoi miti e coi suoi simulacri.

Resta da esaminare allora la sua capacità o incapacità di tradurre il potenziale dissenso verso un ordine prescritto in creazione artistica, in grado di scalfire i pregiudizi. Un dissenso che è inserito nel contesto storico e culturale e ne dichiara la sua separatezza, simile ad una sorta di frattale che innerva il suo tessuto fino a squarciarlo. Un dissenso che non è negazione del senso ma apertura all'esistenza,

Seguire le sue traiettorie e ramificazioni per verificarne i suoi obiettivi, i suoi fallimenti e i suoi errori, scrutare come esso si manifesta esteticamente e epistemologicamente, come dribbla e si sottrae alla conformità del sentire, è l'oggetto di questa riflessione.

Jacques Rancière, abilmente, traccia la differenza tra consenso e dissenso. Sostiene, infatti, che nel consenso non c'è dissonanza tra le cose e la loro percezione tantomeno tra i rapporti stabiliti tra le immagini e la loro significazione. C'è dissenso, invece, quando la corrispondenza tra percezione sensibile e significazione è alterata e diacronica.

É su questa sottile slabbratura tra percezione sensibile e significazione che si incunea la discordanza e che si innesta un processo di distacco dal comun sentire. Ciò ci proietta verso un universo creativo che utilizza l'elemento della dissidenza per risignificare il pensiero conformista dominante e lo contrattacca fondando differenti declinazioni dell'essere. Tale risignificazione modifica la percezione che tende a rimappare il visibile e le corrispondenze tra modi di essere e di agire. Allo stesso tempo l'atto di dare nuova significazione al visibile sottende la volontà di destrutturare continuamente il reale per riaffermarlo in nuove ripartizioni degli spazi, dei tempi e delle forme di attività che determinano il nostro vivere. L'unica possibilità di sradicare il soggetto dalla sua narcotizzazione è un investimento culturale in grado di delineare forme di collettività senzienti. L'arte non consiste solo nel creare delle opere, degli oggetti ammalianti ed introversi, ma piuttosto nel plasmare un campo culturale che li origina, li accoglie e li connette all'esistente e nel sollecitare una psichicità in grado di restituire desideri e coscienza di sé al soggetto che li ha rimossi.

Forse è questa la prospettiva a cui aspiriamo per non precipitare, sempre più pericolosamente, nell'abisso della demagogia e della superficialità diffusa, conclamata e perfino avallata dal sigillo istituzionale. Ma il non riconoscersi in questo abisso viene commutato in eresia o in azzardo creativo, in una sorta di licenza poetica concessa solo all'immaginazione degli artisti, dunque ad un ambito privilegiato e minoritario, a quell'oasi di resistenza arendtiana. Piuttosto la sfida adrenalinica a cui siamo chiamati a partecipare consiste nel riaccendere un dibattito critico che riattribuisca centralità e valore alla conoscenza e alla costruzione cognitiva. In altri termini legittimare quell'inframondo in cui il pensiero non è distinto dalle cose ma è la "cosa" e che attraverso la sua intensità imbastisce un'orditura cosmogonica. Soltanto attraverso la produzione di nuove soggettività, nuovi gesti simbolici, nuove pratiche di intelligenza collettiva, materiali e immateriali, si può prospettare uno spazio di senso.

La possibilità di trasformarlo proviene dalla portata del conflitto, dalla potenzialità di re-immaginare il nesso tra singolare e plurale, tra individualità e comunità e dalla facoltà di agire degli stessi soggetti immersi nella dinamica del cambiamento. Questa è la tessitura del sensibile che induce ad interrogarci su una possibile ridefinizione della scrittura, del linguaggio, della voce, dell'arte, del suono, della velocità e della luce e di tutto il sapere. In questo sconfinamento concettuale in cui il visibile è resettato in nuove ripartizioni, l'arte interviene rovesciando i paradigmi, descrivendo un diverso profilo dell'essere-nel-mondo nella sua totalità, nella sua autenticità e nella sua circolarità.

É qui che l'arte, attraverso i suoi sovvertimenti estetici, le sue scomposizioni, le sue proliferazioni traina una soggettività reinventata ed estraniata dalle norme. Qui avviene la frattura. Qui si produce la rottura di senso. Qui si fa pensiero discordante.

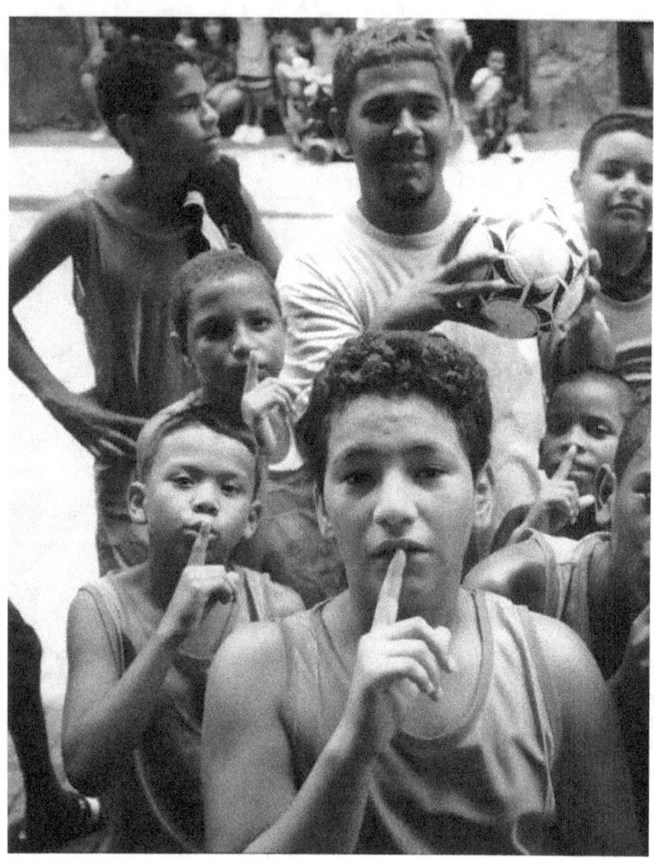

Francis Alÿs, *Silencio!,* 2003

Si può ondivagare nella costellazione sterminata di costrutti concettuali e di oggetti artistici polimorfi che detengono al loro interno una qualità discordante e che si frappone tra l'infinitezza e la finitezza del pensiero. Si può circumnavigare nell'intera galassia di opere in cui il pensiero collide con la praticabilità del reale, che ne svuota la sua assolutezza e che concorre a demolire le sue mistificazioni. E ci si può avviluppare a queste invenzioni estetiche in una esplorazione che ci immerge nel transfert delle loro pulsioni utopiche e desideranti. Ci si può perfino perdere tra queste chimere per sottrarsi all'arrendevolezza del presente e compenetrarsi, osmoticamente, alla loro fantasia.

É fuor di luogo che l'arte non pretende di cambiare il mondo, non è questa la sua funzione originaria, non è la sua missione, non è la sua vocazione. Il suo territorio è piuttosto quello della eccezionalità dello sguardo con cui tenta di capovolgerlo dalla sua immanente condizione, con cui riesce a penetrare nelle sue finzioni, nei suoi enigmi, nelle sue distorsioni e al tempo stesso a catturarne i suoi fulgori.

Silencio!, una installazione di Francis Alÿs del 2003 sembra la metafora più flagrante di questa fase post-ideologica in cui la condizione dell'uomo contemporaneo arranca nel suo acquiescente isolamento. Ma è anche uno dei più sofisticati paradossi sulle insondabili valenze del silenzio e sulla sua immaterialità. Il progetto di partecipazione collettiva, ideato da

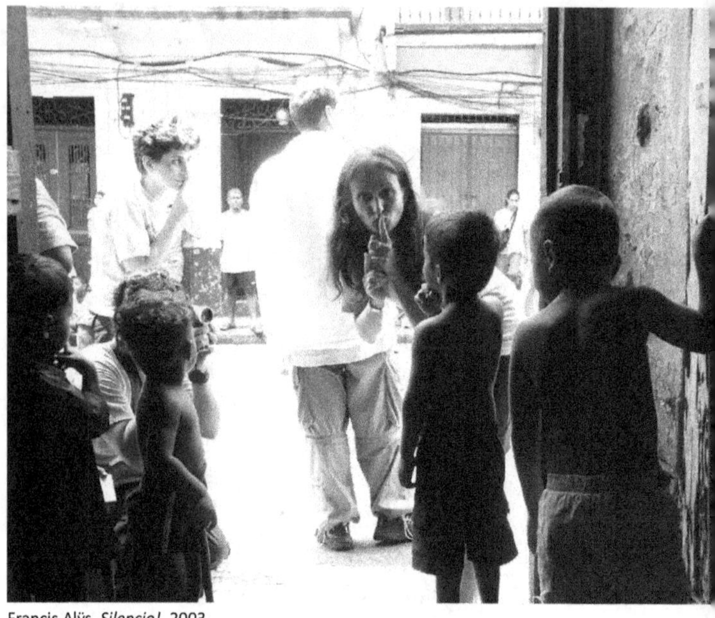

Francis Alÿs, *Silencio!*, 2003

Alÿs in collaborazione con Rafael Ortega, è stato realizzato per *Ciudad Múltiple City 2003, Proyecto de intervención urbana* nella città di Panama, curato da Gerardo Mosquera e Adrianne Samos e parte da presupposti concettuali e formali, di natura utopistica. L'intento iniziale dell'artista era quello di scolpire un minuto di silenzio nella vita pubblica. Una idea sconcertante da potersi realizzare, un paradosso semantico o un calembour.

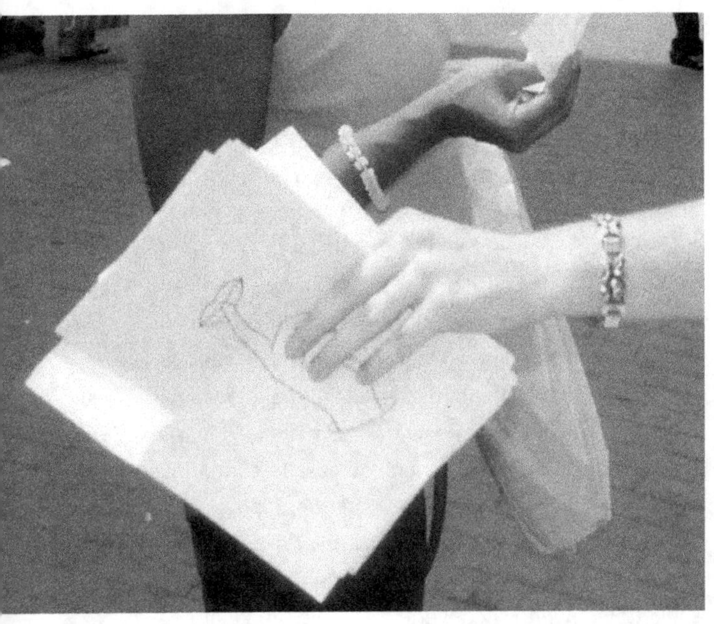

Il procedimento consisteva nell'attivare quarantacinque partecipanti (divisi in sottogruppi), definiti come "agenti di propagazione del silenzio", distribuiti per le strade della città di Panama e anche in interni come caffè e negozi, per ingenerare il silenzio. Attraverso il gesto emblematico del dito indice posizionato sulla bocca, un agente propagatore chiedeva di fare silenzio ad una persona ed essa ad una altra ancora, in una sorta di effetto domino. La stasi generale rimandava ad una scultura umana silente. L'idea era rafforzata dalle t-shirt che indossavano gli agenti propagatori e che riproducevano l'immagine del gesto. Nell'atto di chiedere il silenzio si attribuiva anche una riflessione sul gesto stesso. La proposta era legata al contesto rumoroso, tipico delle grandi città, che contamina gli spazi cittadini panamensi, coniugando le differenti reazioni dei suoi abitanti. L'azione, si allineava ai modi dell'happening come irruzione e coinvolgimento dello spazio pubblico, che produce la sua discontinuità sia pur momentanea e effimera. Ma al contrario di ciò che avviene nell'happening avanguardistico degli anni Sessanta in cui l'azione è altamente invasiva, in *Un minuto de silencio*, la richiesta di Alÿs è sottile e richiede l'esatto contrario: silenzio, rallentamento, osservazione. Inoltre, l'opposizione tra spettatore (colui che guarda e osserva) e partecipante (colui che interferisce nell'opera) viene annullata in quanto ogni soggetto coinvolto si converte in agente propagatore.

Durante il secondo giorno della messa a punto del progetto (20 Marzo 2003) però iniziava l'invasione dell'Iraq da parte della coalizione multinazionale capeggiata dagli Stati Uniti e cominciavano i bombardamenti su Bagdad e, con una assoluta spontaneità, il vuoto del minuto del silenzio si caricava della terribile urgenza di reagire. Ciò che era nato come un puro caso di studio e di ricerca si trasformava in una protesta silenziosa e spontanea, capace di canalizzare la frustrazione davanti all'apatia e all'indolenza scandalosa dei global media sulla guerra del Golfo. Materializzare e scolpire un minuto di silenzio diviene consapevolmente un

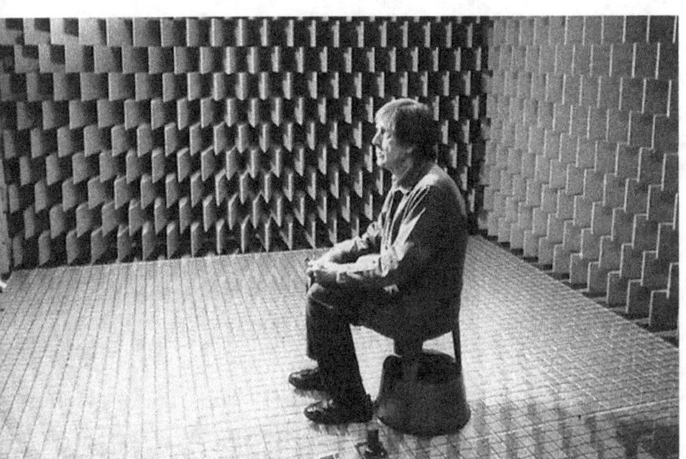

John Cage nella camera anecoica alla Harvard University 1951

minuto di dissenso e di reazione collettiva. Capovolgendo la sua originaria intenzione fa diventare presenza ciò che prima era assenza. Del resto, proprio John Cage, anni prima aveva intuito la fascinazione del silenzio. Il pionieristico compositore aveva liberato la musica dai suoi canoni di tonalità, atonalità e serialità per aprirla all'essenza dei suoni, dei rumori e del silenzio. Nel 1952 compone l'opera *4,33* in tre movimenti per qualunque strumento musicale o ensemble, sono quattro minuti e trentatrè secondi di silenzio assoluto o presunti tali, che riforma l'estetica musicale e che consegna a Cage il primato di sperimentare l'utilizzo espressivo del silenzio. Basilare è la sua esperienza all'interno di una camera anecoica dell'Università di Harvard, dove Cage comprende come il silenzio sia sempre posseduto da qualcos'altro: un colpo di tosse, il battito del cuore, la circolazione del sangue, un rumore di sottofondo in una sala di concerti, il fruscio degli alberi in aperta campagna, insomma un universo composto da suoni casuali come avviene in natura. Da questi studi Cage ricava il concetto dell'impossibilità assoluta del silenzio. Il silenzio è in sé suono. Il procedere del silenzio coincide esattamente con il ritrarsi del compositore-creatore poiché l'interprete diventa compositore, il pubblico interprete e il compositore un ascoltatore di suoni a lui preesistenti. È necessario dunque lasciare che i suoni semplicemente "siano", che scaturiscano da sé. Accostando questa idea della musica al concetto di ready-made di Marcel Duchamp, Cage intuisce che essa è qualcosa che già esiste, basta riconoscerla, afferrarla e assemblarla, arrivando così all'elaborazione di un metodo di composizione attraverso la casualità e la composizione indeterminata.

L'impulso innovatore di Cage proviene da quell'effervescente coagulo di menti che furono innescate dal Black Mountain College (1933-1957), aperto da John Andrew Rice e Theodor Dreiser che tentarono di mantenere in vita, negli Stati Uniti, ciò che i totalitarismi europei stavano sistematicamente annientando in Europa, con la chiusura della Bauhaus a Berlino dopo l'avvento del Terzo Reich. Il college, aperto a Black Mountain nel Nord Carolina, era caratterizzato da un sistema didattico basato sul metodo dell'educazione progressiva e dell'attivismo pedagogico di John Dewey. Ospitò, durante la sua apertura, una larga parte di intellettuali dell'avanguardia contemporanea tra cui John Cage che proprio

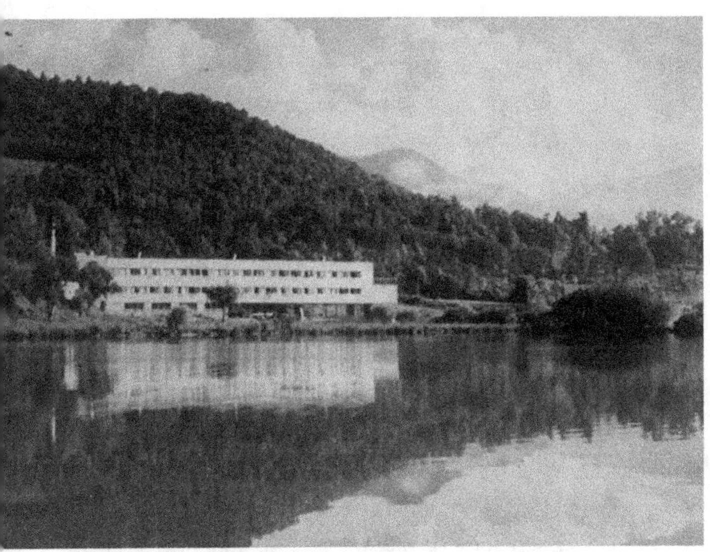

Black Mountain College, Black Mountain, North Caroline

al Black Mountain ideò l'opera *4.33*, Merce Cunningham, fautore della Modern dance e Robert Rauschenberg. A loro si innestarono Willem e Elaine de Kooning, Josef e Anni Albers, Jacob Lawrence, Cy Twombly, Kenneth Noland, Susan Weil, Vera B. Williams, Ben Shahn, Franz Kline e altri. Questa impronta interdisciplinare fece del college uno dei centri propulsori di un pensiero controcorrente e rivoluzionario sul nuovo sistema di produzione artistica. Crollavano gli steccati disciplinari così come cedevano le stesse forme e modalità del gesto artistico che si dipanava dalla costrizione narrativa a cui era vincolato tradizionalmente. L'arte si appropriava della sua autonomia e natura linguistica. Il Black Mountain College, oltre a essere l'emblema di una diversa attitudine culturale e di un approccio educativo controcorrente, fu il luogo fisico in cui la cifra avanguardistica si commisurò all'emergenze politiche dell'epoca. Qui nacquerò le svolte e le deviazioni ad un pensiero estetico ancora avvolto nei formalismi della tradizione artistica del primo Novecento e qui si spalancò la soglia di un pensare l'arte altrimenti. La concezione eventualistica che si inseminò nel coté intellettuale del college e che ne governò le realizzazioni, era canalizzata nell'assioma "l'arte è dove accade" in una frazione spazio-temporale. Essa non necessitava di essere manipolata dall'artista poiché la cifra simbolica non era data a priori ma affidata esclusivamente alle capacità percettive dello spettatore. Smontando la bivalenza dei ruoli e la separatezza disciplinare, si ridefiniva l'opera come un oggetto condiviso dalla coesistenza delle arti.

Tale deviante consapevolezza si manifestò nel 1952, quando il Black Mountain College ospitò un evento ideato da Cage e Rauschenberg, in cui la combinazione simultanea di musica, danza e arte diede luogo a *Theatre Pièce #1*. Mentre Cage teneva una lezione, Charles Olson e Mary Caroline Richards leggevano le loro poesie, Cunningham e altri ballerini danzavano in mezzo al pubblico e Rauschenberg proiettava diapositive dei suoi quadri. Era, a tutti gli effetti, una pratica interdisciplinare che avrebbe poi portato alla sistematizzazione dell'happening da parte di Allan Kaprow. L'obiettivo comune era quello di sovvertire le categorie tradizionali attraverso le quali l'arte veniva convogliata, collimando su una opzione

Luca Vitone, *Per l'eternità,* 2013
Scultura acromatica monolfattiva su tre note, essenza e assoluta di rabarbaro, acqua,
alcol, due macchine erogatrici. Dimensione ambientali. Collezione Eric Guichard, London.
Foto: Roberto Marossi

democratica e plurisensoriale, con cui non solo veniva cancellata la relazione gerarchica tra le arti ma anche la stessa idea percettiva del pubblico, da sempre subordinato ad una fruizione imposta sia a livello formale che contenutistica. L'opera totale e multisensoriale avrebbe suggellato una radicale modificazione esperenziale. L'audacia del ripensare l'arte come totalità sensoriale e come espressività condivisa dalle varie discipline era generata, come sempre del resto, dallo spostamento di un pensiero che non si rassegna alla sua finitezza ma che si smargina e si dischiude dalle sue sicurezze.

La tentazione alla sfida della sperimentazione estetica e l'intrigo per l'inconsistenza della materia è ciò che accomuna Luca Vitone a Francis Alÿs e John Cage in questo confronto con l'immateriale. *Per l'eternità* (2011) la scultura acromatica monolfattiva su tre note, con essenza di rabarbaro svizzero come nota di testa, quella assoluta di rabarbaro belga come nota di cuore e rabarbaro essenza di Francia come nota di fondo, realizzata dall'artista genovese in collaborazione con la maestra profumiera Maria Candida Gentile, riabilita la stessa processualità che Francis Alÿs aveva sperimentato con il silenzio e dunque con l'udito. Vitone, invece, qui attiva il senso dell'olfatto impregnando l'aria con un odore ambiguo che nella sua idea è inteso, soprattutto, come "ritratto" anamnesico dell'Eternit. L'Eternit è un marchio di fibrocemento a base di amianto messo al bando dal 1994 insieme al nome della ditta che lo produceva. É stato brevettato dall'austriaco Ludwig Hatschek nel 1901 ed è stato ribattezzato con il nome Eternit (dal latino aeternitas, eternità) per la sua elevata resistenza. Nel 1907 nasce il primo stabilimento italiano in Piemonte, a Casale Monferrato. Già nei primi anni Sessanta però era noto in tutto il mondo che la polvere di amianto, generata dall'usura dei tetti, provocasse (attraverso l'inalazione delle sue particelle fibrose) una grave forma di cancro, il mesotelioma pleurico, oltre che l'asbestosi, una malattia polmonare cronica. Nonostante ciò, si è continuato a produrre oggetti in Eternit fino al 1986. E solo dal 1992 è vietata in Italia l'estrazione, l'importazione, l'esportazione, la commercializzazione e la sua produzione. Da questo drammatico exursus nasce il titolo dell'opera di Vitone *Per l'Eternità* e da qui l'idea di trasporre lo sdegno per l'accaduto in percezione sinestetica, laddove però l'evocazione della polvere nociva dell'Eternit viene sostituita da una naturale. Vitone trasporta virtualmente il fruitore nel luogo dell'accaduto (Casale Monferrato) attraverso l'inalazione dell'essenza e quindi attraverso il proprio respiro. Lo induce a riflettere sulla gravità dell'evento attraverso una percezione smaterializzata dall'oggetto artistico che è assente nella sua consistenza materica ma indotta dall'evocazione olfattiva.

Vitone, in questo modo, immerge il fruitore in una narrazione singolare che rintraccia nell'Eternit la sua peculiarità positiva iniziale. Pensato e creato come materiale di costruzione democraticamente disponibile a tutti per le sue proprietà: è ignifugo, impermeabile, facile da usare ed anche economico, diventa quasi il simbolo di una ideologia utopistica di una società egualitaria. In seguito però l'Eternit rivela tutti i suoi effetti nocivi generando gravi problemi alla salute collettiva. Vitone lo equipara, in qualche modo, alle strategie del potere, a cui molti anelano e concorrono per possederlo e controllarlo ma, poiché è difficile da gestire, si rivela spesso un fallimento. Simile per la sua dinamica all'installazione olfattiva dell'Eternit in cui l'odore e la sua pregnanza inizialmente seducono e affascinano, poi nella sua persistenza, fa avvertire un disagio e il bisogno di aprire una finestra, di respirare aria fresca, di cambiare aria. *Per l'eternità* racchiude anche la sperimentazione sul monocromo, incentrato sul concetto di anti-pigmento.

Le polveri sono presenti-assenti anche nel ciclo *Räume* (2014) composto da quattro grandi tele bianche, dipinte

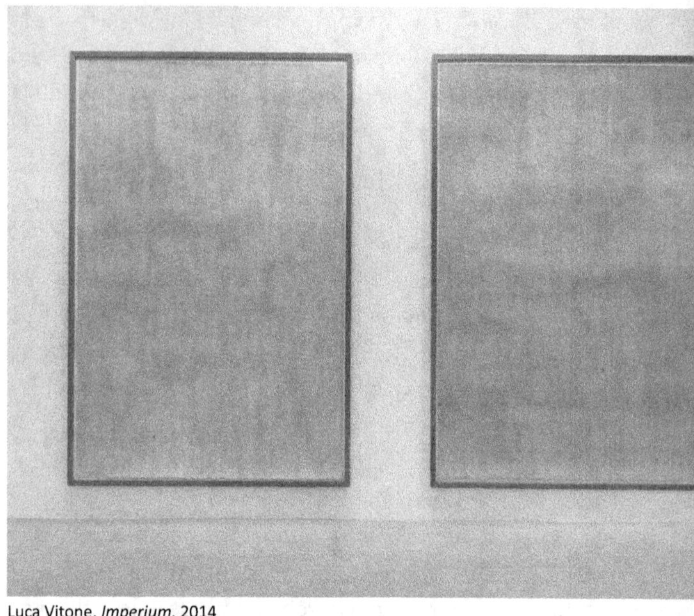

Luca Vitone, *Imperium,* 2014
Da sinistra *Räume (Bundesgerichtshof, Karlsruhe)*, 2014
Acquerello di polvere su carta in cornice di ciliegio, 311 x 210 cm.
Courtesy dell'artista dell'artista
*Räume (Deutsche Bundesbank, Frankfurt/Main),*2014, Acquerello di polvere su carta in cornice di ciliegio, 311 x 210 cm. Courtesy dell'artista. Foto: Jens Ziehe

con una soluzione di acqua, colla vinilica e polvere, raccolta per l'occasione della mostra *Imperium* alla n.b.k. di Berlino (2014), in quattro luoghi legati all'idea del potere, ovvero quello economico (*Deutsche Bundesbank,* la Banca federale tedesca di *Frankfurt/Main*), quello legislativo (*Deutscher Bundestag,* il Parlamento tedesco di Berlino), quello giudiziario (*Bundesgerichtshof,* la Corte federale tedesca di *Karlsruhe*) e quello culturale (Pergamonmuseum di Berlino). Qui la polvere è utilizzata per realizzare dei grandi acquarelli monocromi. Viene sdoganata dalla sua rischiosità e utilizzata come un pigmento-altro. Il titolo *Imperium,* nell'ispirazione di Vitone, ricalca l'idea dell'autorità assoluta, illimitata, dogmatica e totalizzante e che slitta anche nell'identificazione dell'autorità paterna ed educativa. Si smaterializza dalla sua idea fisica per fluidificarsi in un concetto più complesso e simbolico, che nel corso della storia, ha da sempre incarnato il senso, la legge, la verità. In *Imperium* si riqualifica anche l'idea di scarto. Dalla sua connotazione negativa e dannosa, la polvere utilizzata per realizzare i monocromi, si riabilita a materia poetica e mnemonica. Nella personale al Pac di Milano (2017) *Io, Luca Vitone,* curata da Diego Sileo e Luca Lo Pinto, la polvere (raccolta precedentemente attraverso l'aiuto sistematico delle ditte di pulizia del museo, svuotata dai sacchetti degli aspirapolvere e conservata appositamente per l'uso) è stata utilizzata per formare una sorta di involucro invisibile, un filtro, che contenesse l'intera mostra e che, al tempo stesso, attraverso la sua sostanza compositiva, imponesse la sua "presenza" come affresco parietale. Le tracce di sporco che impregnavano le pareti restituivano, concettualmente, la memoria degli spettatori che avevano attraversato e vissuto il museo stesso.

Eidetica, immateriale e esclusivamente sonora è *obbobobbobo dul peshku* (2018) l'installazione site specific realizzata da Sislej Xhafa nel Demanio marittimo del lungomare di Marina di Montemarciano accanto a Senigallia, dove nel cogliere l'umore del luogo e del tempo, l'artista kossovaro ha ideato una opera che induce l'idea dello scherno ma che, in realtà, racchiude molteplici implicazioni emozionali. Come è nel suo fare. La litoranea che accoglie l'opera è uno spazio dell'infinito che raccorda il mar Adriatico al Kossovo. Inoltre, essa traccia una agglomerazione ininterrotta di comunità e di edificazioni distese linearmente, susseguite allo sviluppo turistico, che formano un assetto ibrido di natura, cultura e mobilità. Questo paesaggio invera l'idea della città adriatica che si estende da Vasto a Ravenna e che mescola sensibilità e identità possibili.

In occasione dell'edizione di eventi culturali "Demanio marittimo. KM-278" del 2018, Xhafa ha scelto di intervenire in questo spazio ibrido, coagulando rimandi socio-culturali e architettonici, ricordi, sentimenti e geografie mobili, passato e presente, memoria e tecnologia, con un evento temporaneo e immateriale, curato da Cristiana Colli. In parallelo alla spiaggia che lambisce l'Adriatico si espande un territorio contrastante delineato da edifici industriali dismessi e nuove costruzioni, la statale 16 e la ferrovia. Il rumore intermittente dei treni che passano regola il tempo del luogo. Il treno evoca partenze e ritorni, rimanda ad affetti, sogni, avventure, separazioni e

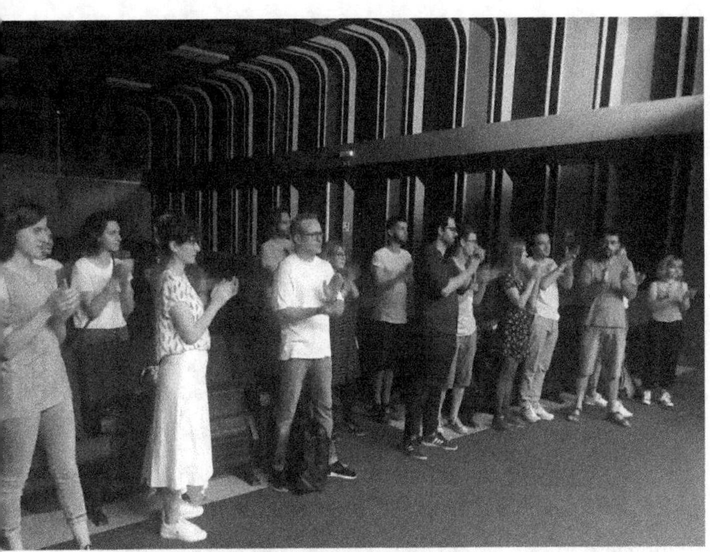

Sislej Xhafa, *obbobobbobo dul peshku*, 2018,
(applauso dei ragazzi del Kosovo. Courtesy: Sislej Xhafa

ritrovi. *obbobobbobo dul peshku,* che è un detto kossovaro
e che, più o meno, significa "oh, è uscito il pesce" e che
esprime una sorpresa, inserisce di sguincio tematiche come la
costrizione, la libertà e il totalitarismo. In Albania, durante il
regime comunista, era vietato pescare nelle coste poiché era
lo Stato che provvedeva a razionare il cibo. E dunque nella
visionarietà dell'artista il titolo rimanda metaforicamente
a quella dimensione totalitaria del vivere in cui le pratiche
sociali quotidiane erano cancellate. Xhafa fa ancora un altro
salto rievocativo sbalzando nel tempo della guerra in Kossovo,
quando i treni erano utilizzati per le deportazioni di massa.

obbobobbobo dul peshku, infatti, è un'espressione di sorpresa che rimanda all'inatteso e che, contemporaneamente, vuole incapsulare la dimensione geografica e marinara adriatica. É anche una opera che sollecita alla partecipazione e all'immaginazione del fruitore, poiché nulla appare sul lungomare di Marina di Montemarciano, nessun oggetto estetico si impone all'occhio umano ma è lì, presente e vibrante nella sonorità di un applauso. L'opera si estende nella sua liminarità tra la dimensione del visibile (come produzione immaginaria fruitiva) e quella dell'invisibile (come oggetto non reificato). É sottratta allo sguardo e alla sua percezione visiva ma è epifanica e ilare. Essa è soltanto udibile e, nella sua imprevedibilità, provoca un senso di ilarità in chi la ascolta. L'opera, tecnicamente, è regolata da un software da remoto (realizzato in collaborazione con l'Università Politecnica delle Marche e la Facoltà di Ingegneria dell'Informazione) che si attiva automaticamente, 24 ore al giorno, ad ogni passaggio del treno e ad esso "risponde" con un grosso applauso che Xhafa ha registrato con dei ragazzi in Kossovo. La sottrazione dell'oggetto è un atto di deviazione percettiva dalla sua convenzione visiva ed è un escamotage concettuale dell'artista che sollecita la fantasia del fruitore. Sislej, infatti, nella sua pratica fluida e radicale tende a destabilizzare le isometrie dello sguardo e a spaesare la fruizione collettiva.

Il paradosso tra presenza e assenza è il centro propulsore dell'installazione *Infermeria* (2017) realizzata da Xhafa a Palermo ai Cantieri culturali della Zisa e curata da Paola Nicita. Anche qui Xhafa raccorda la memoria dello spazio

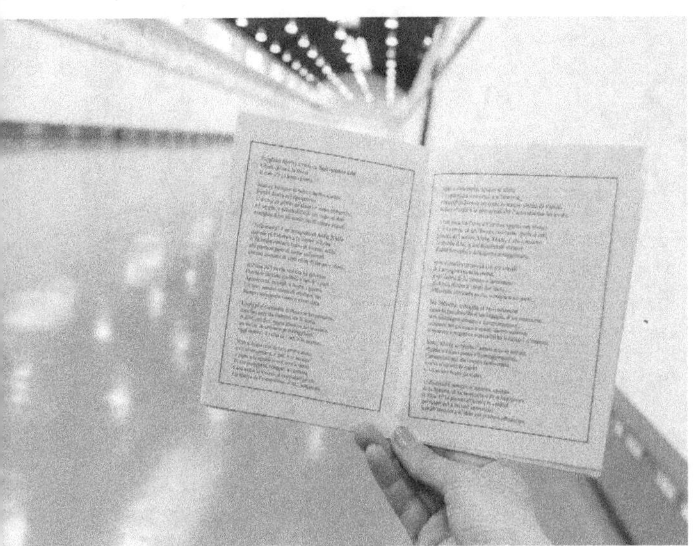

Sislej Xhafa, *Infermeria*, 2017

originale al presente (i Cantieri   nascono nell'800 come officine Ducrot per la produzione industriale di mobili Belle Epoque e vengono ricovertiti, durante la I Guerra mondiale, in fabbrica militare). L'immenso hangar in cui Xhafa agisce con l'installazione è privo si segni estetici, ma suggerisce al visitatore spiazzato dalla nudità dello spazio, il suo portato simbolico. Al visitatore, infatti, viene consegnato un libretto sanitario, ideato dall'artista, che permette l'accesso a quella che un tempo era una infermeria in cui gli operai infortunatisi durante il lavoro, ricevevano i primi soccorsi. Il libretto

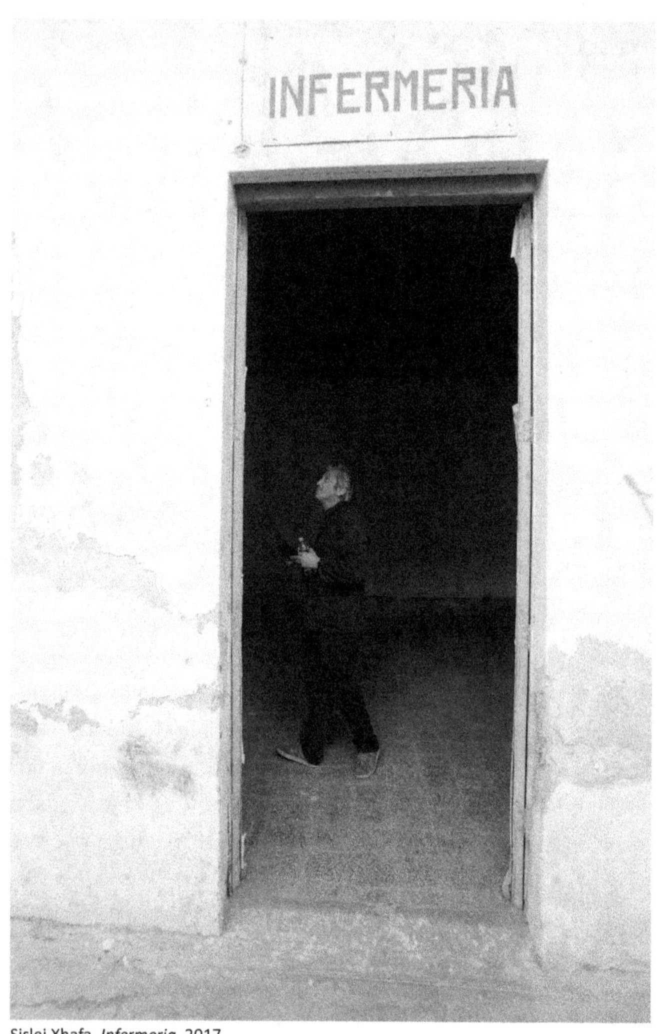

Sislej Xhafa, *Infermeria*, 2017
Courtesy: Sislej Xhafa

tradotto in dialetto siciliano da Vincenzo Pirrotta è anche una sorta di guida del progetto, poichè riporta alla memoria il corporativismo perpetuato dalla dittatura fascista del XX secolo. È proprio in questo spostamento di tempo che si svela il senso del lavoro di Xhafa: nell'abbandonare le proprie radici drammaticamente ostili per raggiungere un porto più sicuro e accogliente, il visitatore assume la condizione del migrante. Ma l'infermeria di Xhafa, che è incarnata nella evidente metafora della condizione migratoria contemporanea, si pone in tutta la sua inadeguatezza e "assenza" simbolica.

In tutti i casi, sia per Francis Alÿs e John Cage che rincorrono l'obiettivo di scolpire e di musicare il silenzio che per Luca Vitone e Sislej Xhafa che aspirano a scolpire l'odore e a disegnare il suono, la sfida nasce da una eccesso di provocazione, da una antitesi con le forme conoscitive della narrazione, da uno slittamento della creazione e da una opposizione alla limitatezza della realtà. Il paradosso congegnato da Alÿs, Vitone, Xhafa e Cage ha a che fare con la scomposizione dei limiti fisici e concettuali, con la necessità della sperimentazione come metodologia, con l'emancipazione del soggetto pensante che oltrepassa le consuetudini di intervenire intellettualmente nel reale.

L'arte è ciò che intensifica e produce sensazioni e utilizza queste ultime per intensificare i corpi. L'intensificazione è costruita con le eccedenze, le idee, i sentimenti, le affezioni e i rischi che scaturiscono dal pensare. Quindi l'intensità dell'opera d'arte deriva dal grado di imprevedibilità di senso che essa traspone.

Lo spostamento della scultura e della composizione musicale così come tradizionalmente si erano da sempre intesi, viene riformulata attraverso un processo di materializzazione e dematerializzazione dell'invisibile.

Ciò che si chiama visibile (e che viene assegnato come tangibile) è una qualità pregnante di una trama, è la superficie di uno spessore in cui l'invisibile costituisce la ossatura interiore che esso nasconde. Ogni oggetto, ogni cosa appartenente alla realtà e ogni evento implica una dimensione di visibilità ma contemporaneamente una dimensione spirituale, invisibile e interiore che gli è propria. Il chiasma tra la visibilità del mondo e la sua dimensione invisibile (fatta di relazioni, forze energetiche, movimenti intensivi) attesta la reciproca necessità e complementarietà, ma soprattutto l'impossibilità di districare una delle due dimensioni dall'altra.

L'uomo e il mondo sono fatti della stessa carne, segnano una continuità dove il soggetto è parallelamente oggetto, senziente e sentito, toccante e toccato. Questo permette che ogni coscienza sia coscienza percettiva, ovvero che la coscienza rivela continuamente una zona di originaria condivisione tra coscienza e mondo.

In Alÿs, Vitone, Xhafa e Cage emerge una raffinata quanto poetica necessità di sentire l'imponderabile. L'idea e la sua realizzazione di catturare e condizionare l'inconsistente, l'impalpabile e l'intangibile è la conseguenza di un pensiero che si distacca e si ritrae dalle convenzioni e si indirizza, piuttosto, verso ciò che viene considerato impraticabile, infattibile e irrealizzabile, semplicemente per dare forma a

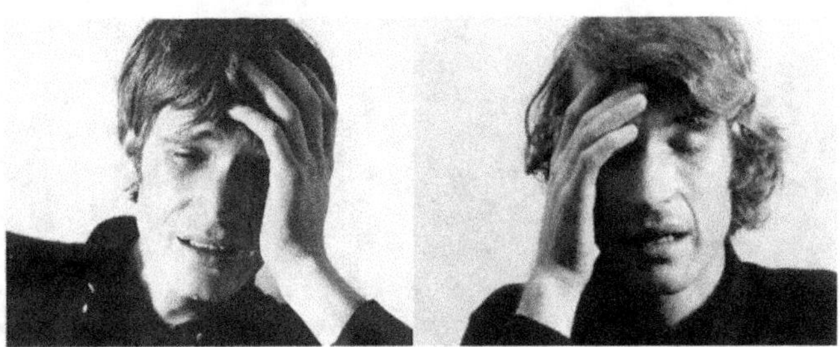

Bas Jan Ader, *I'm too sad to tell you*, 1970–1971

quello che non c'è, a ciò che non possiede ancora un nome e che non ha delineata una sua identità.

Ed è su queste volatili congetture estetiche che Bas Jan Ader edifica *I'm too sad to tell you* (1970-71), il video in 16mm che riprende l'artista olandese nella sua inquietudine intimistica e nello svelamento della sua emotività. Senza diaframmi e maschere un magnetico Bas Jan Ader si mostra davanti alla telecamera nella sua più disarmante fragilità sentimentale e nella sua più elegiaca naturalezza di essere senziente e si consegna al fruitore nello struggimento di un pianto misterico e aureo. É essa una inopinata metafora della dimensione perturbante e impermanente della soggettività contemporanea che si rivela indifesa dai sentimenti melanconici di perdita che la assalgono. Un Bas Jan Ader che, sopraffatto dalle inquietudini e dalle trepidazioni intense che lo dominano, presta la propria anima all'autenticità dell'opera. Non c'è l'inganno del simbolo, né l'allegoria del gesto nell'opera dell'artista, ma lo smarrimento delle proprie lacrime tenere ed eversive.

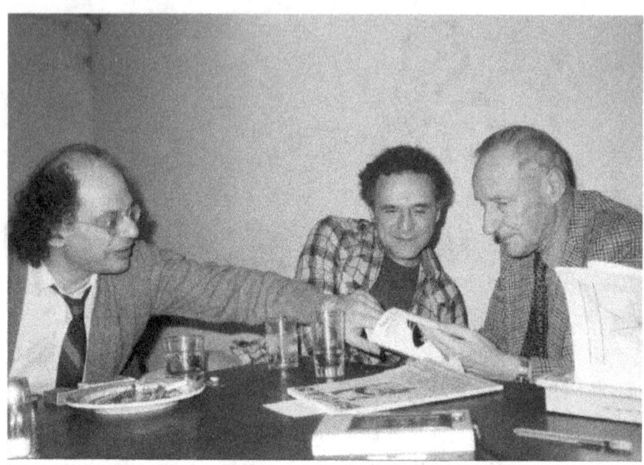

Allen Ginsberg, John Giorno e William Burroughs. Foto: Victor Bockris

I poeti sanno raccontare il *male di miele* che percorre il mondo, sanno mimetizzare il fango con la mirra e ricoprono con l'oro della parola tutto il magma della terra. Non fanno tutto questo per occultare la realtà bensí traslatano il principio di verità in un atto di poesia. Così la voce diventa un rombo forte e non si perde nell'*oceano di gomma*.

L'arditezza sperimentale è in parte motivata da uno stato di insufficienza del soggetto, dall'inadeguatezza di un presente che è imbalsamato nella archeologia e che ingabbia il suo esserci in geometrie del sapere indeclinabili. La discontinuità del corso delle cose, quindi la sua messa in crisi, provoca inevitabilmente dissidio.

"I certainly won't curl up in a chair with a book of poetry " pensò un giorno John Giorno. Era il 1968 e il poeta, performer e artista americano, subito dopo una conversazione telefonica con William Burroughs, iniziò a definire il concetto di *Dial-A-Poem*, che, sosteneva, avrebbe successivamente influenzato la creazione artistica attraverso i servizi di informazione per telefono come succedeva per lo sport e il mercato azionario. Già nel 1965, il poeta e amico intimo di Andy Warhol, era stato il protagonista /soggetto del mitico *Sleep* in cui veniva ripreso per sei ore, nudo mentre dormiva. E così, avvezzo alla sperimentazione, delinea tecnicamente il *Dial- A- Poem*: quindici linee telefoniche furono collegate a singole segreterie telefoniche dove erano stati registrati dei poemi. Chiunque aveva accesso al "Giorno Poetry Systems" giornalmente dalle 9:00 alle 17:00 e dalle 20.30 alle 23.30. Il GPS si soffermava su una serie di scottanti diatribe sociali dell'epoca, come la rivoluzione sessuale e la guerra del Vietnam, che sollevavano l'interesse e la partecipazione della comunità più reattiva. Ma il *Dial-A-Poem* che Giorno, con grande intuizione, inventò negli anni Sessanta tendeva a squilibrare completamente l'atto poetico, la sua percezione e la sua fruizione. La poesia veniva scompaginata come atto individualizzato e intimistico e socializzata attraverso un mezzo di comunicazione di massa che traslava il contenuto poetico dalla scrittura all'ascolto. Era a tutti gli effetti un dispositivo rivoluzionario che si incasellava con l'umore della cultura *pop*. Innestando un sistema a pagamento (telefonando ad un numero e pagando pochi centesimi, era possibile ascoltare cinque minuti di poesia)

John Giorno, *Don't Wait for Anything*, 1912, acrilico su tela.
Courtesy: John Giorno/ Amine Rech Gallery, Parigi

Giorno sradicava la poesia dal suo solitario cotè elitario nel quale ristagnava da secoli, per trascinarla all'interno dei mass media utilizzando qualsiasi supporto: dalle magliette ai CD, dal telefono al fax, dalle scatole di fiammiferi alle tende da finestra, alle tavolette di cioccolata a oggetti sintetici di *plastilina*. Era esplosa un'era sperimentale in cui, grazie alla forza e alla visionarietà del poeta, le regole letterarie venivano smontate e rimontate su nuove affezioni. Sensibile

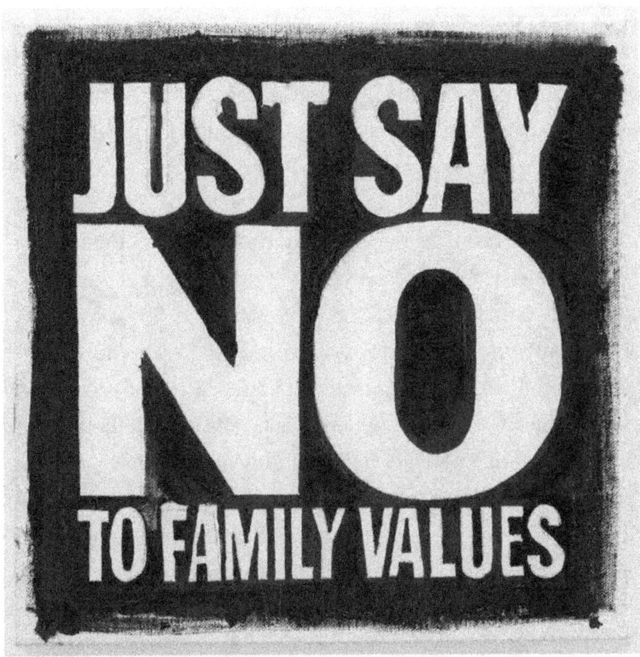

John Giorno, *Just Say No To Family Values*, 1912, acrilico su tela.
Courtesy: John Giorno/ Amine Rech Gallery, Parigi

all'evoluzione tecnologica, Giorno utilizzava gli strumenti più avanzati e le forme più popolari di comunicazione al fine di allargare l'audience poetica e trasformarla. Nel 1969, il *Dial-A-Poem*, fu scelto per la mostra *Art by Telephone* al Museo di Arte Contemporanea di Chicago: un archivio di trentasei registrazioni di poeti contemporanei tra i quali Allen Ginsberg, Abbie Hoffman, Frank O'Hara, Jim Carroll, Ted Berrigan, John Cage, Anne Waldman, Ed Sanders, Diane di Prima e William

Burroughs, smistato su linee telefoniche collegate a segreterie automatiche. Componendo un numero di telefono locale il sistema faceva ascoltare una poesia selezionata a caso. Un anno dopo, lo stesso sistema viene ripresentato al MoMA di New York, nella storica mostra *Information* a cura di Kynaston McShine. Chiamando il numero (212) 956-7032 da qualsiasi telefono esterno al museo o da uno dei quattro presenti in esso, si poteva ascoltare uno dei cinquanta poeti selezionati, magari in piena notte. La sua prefigurazione innovava l'uso di un contenuto così esclusivista come la poesia, mutando e mutuando il suo dispositivo di fruizione. Al tempo stesso ciò che fortemente Giorno alterava era la poesia stessa, liberandola dalla sua codificazione, dall'irrigidimento a cui sottostava, spazzando via le norme compositive, la sua retorica e la sua ridondanza. Ciò che le parole di Giorno interpretavano era la vita stessa nel suo farsi e disfarsi, senza sovrastrutture. Giorno intende la poesia come un'arte che indice alla riflessione e in cui la veemenza declamatoria delle avanguardie artistiche e la pratica minimalista della ripetizione si mixano in versi che esplodono nella mente. In cui la voce, che svolge una funzione primaria, si afferma come uno strumento che traina l'ascoltatore. La sua poesia nasce dalla pratica di appropriazione di interi testi "rubati" ai giornali, dalla scomposizione e ricomposizione di vari tipi di materiali testuali diversi tra loro, dallo scavalcamento sia dei contenuti che dei supporti che gli servono a organizzare un sistema di parole che produce un significato fremente in grado di sbaragliare i cliché. Piuttosto, le sue parole protendono a rimuovere quegli oscuri demoni

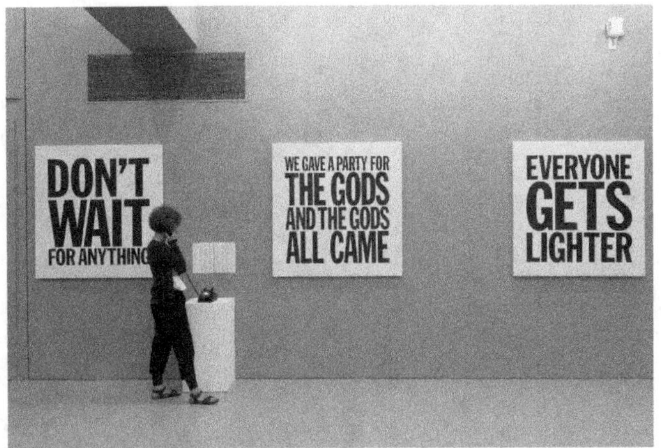

John Giorno, Veduta dell'installazione *Dial-a-Poem*, 2015, Palais de Tokyo, Parigi

che attentano l'anima e inducono a palesarli. Fuoriescono dai suoi versi quel senso di malessere e di imprigionamento che nascono dalla dimensione psicotica della società nei confronti dell'individuo, dal senso di sottomissione e claustrofobia a cui essa induce, dallo schierarsi contro l'arroccamento a valori con cui essa egemonizza la soggettività, dal sostenere necessità politiche e sociali. Il cardine della sua poesia è la reiterazione ossessiva di parole o/e versi attraverso cui tende a fissare i concetti. L'atto della ripetizione insistente funge sì da refrain ma soprattutto da affermazione, e addizionando la parola al suono della voce, la trasforma in performance. "La poesia è performance e il poeta è un modulatore di suoni che usa la voce invece che la penna" sostiene John Giorno.

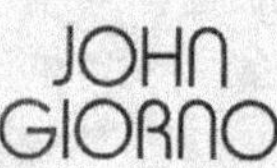

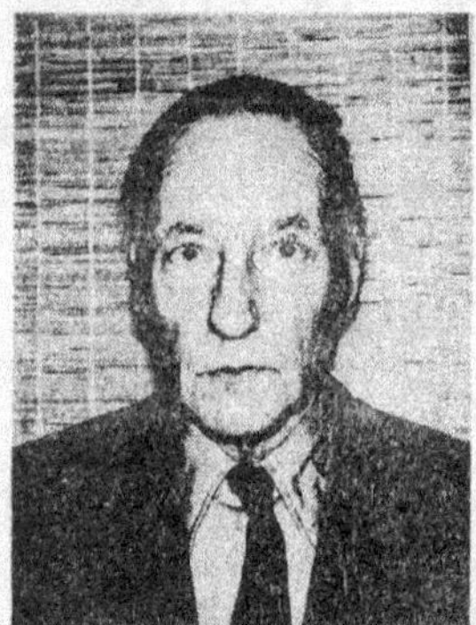

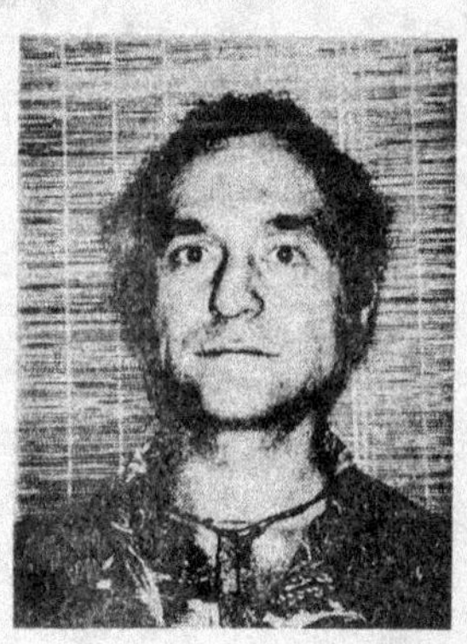

WILLIAM S. BURROUGHS
JOHN GIORNO
POETRY READING
Wednesday, April 24, 1974, 8:30 pm
St. Mark's Church
2nd Avenue and 10th Street
New York City

Questo atto di insubordinazione di John Giorno si innesta in tutto il suo fare che si propaga in una etichetta discografica con la quale ha pubblicato su vinile e formati vari l'intera avanguardia poetica americana e i maggiori sperimentatori Art Rock e Post-Punk quali: Laurie Anderson, Glenn Branca, Patti Smith, Richard Hell, Frank Zappa, Arto Lindsay, Meredith Monk, Lydia Lunch, David Byrne, Diamanda Galas, Sonic Youth, Tom Waits, Nick Cave e molti altri. Non solo, tra il 1982 e il 1989 fonda ben tre gruppi musicali, tutti rigorosamente Rock'n'Roll. Nel 2008, Rirkrit Tiravanija lo omaggia con il suo video-ritratto *JG Reads*, realizzato in 16 mm e lungo dieci ore: un "giorno" di memorie, poesie, canzoni. Nel 2011 è il protagonista del video *We All Go Back To Where We Belong, John* dei R.E.M. diretto dallo stesso Michael Stipe. Nondimeno caustica è la sua produzione visuale con i famosi *Poem Print* attraverso i quali ha inondato una delle sue ultime sbalorditive personali *I love John Giorno*, curata da Ugo Rondinone, al Palais de Tokyo di Parigi (2015).

Gli artefatti artistici sono dei dispositivi sintagmatici che cospirano con la strategia concettuale. Narrano, alludono e sollevano le rimozioni, attentano alla coscienza collettiva e provocano delle fenditure.

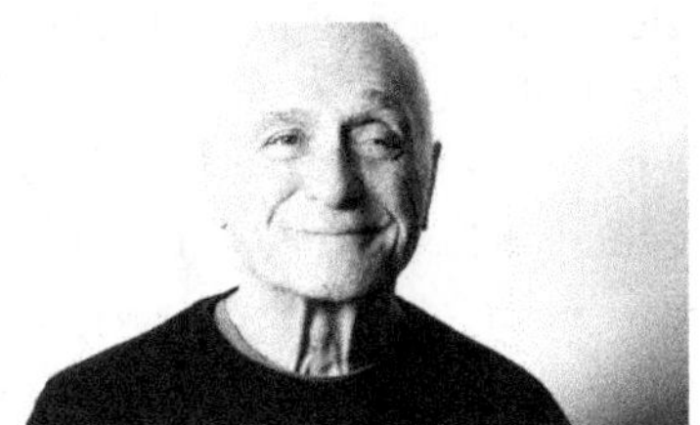

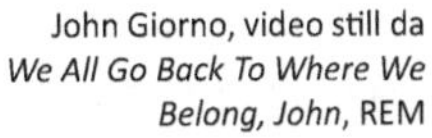

John Giorno, video still da
*We All Go Back To Where We
Belong, John*, REM

Se non esistessero queste crepe che poi si smarginano e si trasformano in fratture e poi piano piano si tramutano in rotture, se non esistessero questi collassi nelle forme delle cose, questi rivolgimenti del pensiero, questi disaccordi con l'ordine esistente che disgelano le ere del mondo e lo reimpaginano in più eccitanti investigazioni, noi saremmo degli esseri mancanti, impigliati nella nostra finitezza, nelle nostre paure e nelle nostre litanie secolari. Pacificati nella nostra frustrazione e tormentati nella nostra disillusione.

A cosa aspira l'arte se non a mostrarci, nella natura e nello spirito, fuori e dentro di noi, le pieghe delle cose, le intercapedini, le fessure e gli squarci che le attraversano? E gli artisti non sono forse dei percettori di una visione singolare delle cose che è divenuta o diverrà la visione di tutti gli uomini? Forse o forse no. Ma senza questa frattura tra apparenza ed essenza si rimarrà irrilevanti, epidermici, pellicolari.

Questo tormentato disaccordo tra accettazione e rifiuto, questo continuo fluttuare dentro e fuori, fa dell'essere dissenziente una sorta di transfuga del pensiero, dall'individualità continuamente ridiscussa. Esso insinua continuamente l'inquietudine del dubbio e l'effervescenza dell'opposizione, introduce la dedizione della sperimenta- zione e l'apostasia del conformismo all'interno delle ideologie contemporanee. La sua è una soggettività affine alla fallibilità, predisposta alla audacia sperimentale e alla attitudine decostruttiva. Dunque è sull'immaginario estetico che l'essere dissenziente agisce e opera per ricomporre nuove concezioni in cui arte, poesia, scienza, tecnologia, musica, filosofia, psicoanalisi e politica possono essere connesse e coniugate. Poiché, è risaputo, l'arte non produce concetti ma solleva questioni e provocazioni. Il concetto in sé è una molteplicità, una stratificazione infinita di componenti inscindibili tra loro che nascono, svaniscono e poi si rigenerano. L'arte origina sensazioni, affetti e intensità, generati da una critica ininterrotta alla significazione e alla soggettivazione. Qui, il percorso ontologico delle strutture materiali e concettuali dell'operazione artistica viene trasferito in immagine sovversiva e ricostitutiva. Cosí prende le distanze dai fondamentalismi proiettivi che limitano l'immaginario collettivo e i suoi dogmi.

Il disaccordo si insinua nella cavità dell'essere, attraverso un agire pulsionale, quasi estraniandosi dalla pura apparenza e scendendo nella profondità della psiche, per scoprire il mondo come luogo di senso. Lambisce le sue idiosincrasie e di esse ne afferra i rivoli piú perturbanti. É una condizione del fare estetico i cui codici di differenziazione sono privi di vincoli e la cui decostruzione converte il senso del mondo in magico, metamorfico, pervasivo, sensuale, sessuale ed emozionale.

Nella poesia come nel cinema come nell'arte. In questo dinamica di dètournement tutti i campi vacillano dalle loro solidificazioni: il poema scivola nell'installazione visiva, l'arte irrompe nell'expanded cinema e il cinema sconfina nella performance art. Le categorie si svuotano dalle loro intelaiature, i loro confini si elidono, le loro soglie si corrodono poiché il testo si fa liquido, l'immagine si incarna al corpo, il corpo si tramuta in infinito da esplorare.

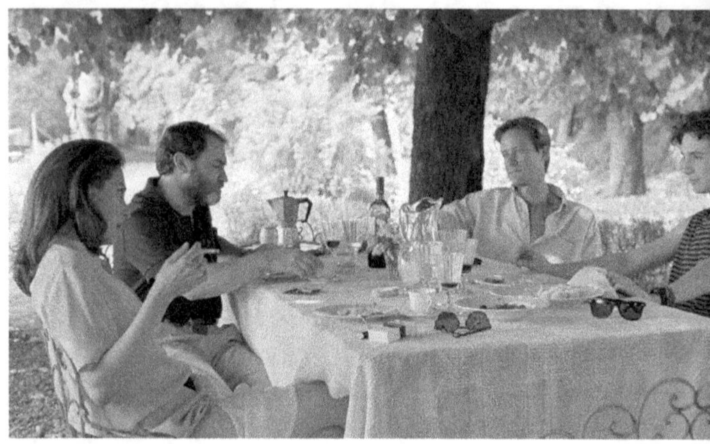

Luca Guadagnino, *Call Me Your Name*, 2017
Courtesy: Warner Bros

Qui le logiche di senso conquistano un territorio dialettico dove gli steccati vengono meno e il pensiero discordante si dilata e si dirama come pura esperienza erotica e cinetica.

In questa estensione semiotica, l'approssimarsi di una idea di "cinema a venire" appare quasi come una fatalità, destinata ad innescare un congegno straniante che sbilancia la tradizione del visuale.

Cosa è un film se non un flusso di immagini che ibrida una storia con le sue attrazioni e diventa incantesimo? Raramente accade. E avviene solo quando l'oggetto estetico diviene ansioso e pone al centro del suo farsi l'immaginazione.

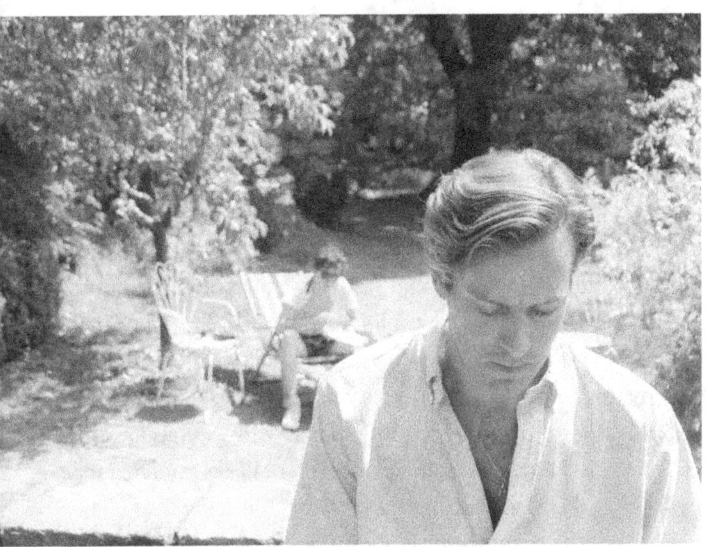

Luca Guadagnino, *Call Me Your Name*, 2017
Courtesy: Warner Bros

Quest'ultima, in quanto libera produzione sensitiva e intuitiva, elabora i processi che formano e instillano l'esperienza del bello e del sublime attraverso la sensazione. Per fare ciò, l'immaginazione scardina i canoni, trasgredisce le oscillazioni del gusto e, autonomamente, libera la coscienza.

Da questo procedimento magnetico si disgiungono e si ricongiungono connessioni insospettate, folgorazioni e vibrazioni esplorative del dispositivo creativo.

Si parla di cinema autoriale. Si allude a Luca Guadagnino dunque, regista e intellettuale spregiudicato che, usa la sua cinematografia per ribaltare l'atto del guardare e di sentire il cinema attraverso una visionarietà sfrontata e, al tempo stesso, poetica. Guadagnino è l'icona simbolica della produzione indipendente, l'anomalia italiana (e perciò divenuto star internazionale) di un agire "fuori controllo" dal mainstream produttivo nazionale. Cinèphile, critico e produttore fantasioso invera un atto filmico apolide, dove arte contemporanea, citazione d'auteur, re-enactment, Rock&Rolls e musica colta, estetica, politica e psicoanalisi fanno collassare le norme. Follia desiderante o vertigine immaginifica? Concatenazione di generi filmici destinata a de/costruire il cinema per come il cinema è stato costruito fin qui o epifania di un film *à venir*?

La sua idea di cinema è disadattata alle combinazioni discorsive, drammaturgiche e formali della cinematografia italiana tradizionale, è aliena e refrattaria alle tematiche che in essa si perpetuano, addirittura soffre per quella preclusione critica, militantemente conformista, che penalizza forse inconsapevolmente, ogni alterità cinematografica. Come sosteneva Lyotard, è un cinema sottratto alla tirannide dell'impressione di realtà ed è organizzato o dis/organizzato sull'intensità che consuma se stessa, senza "darsi" all'ordine del significato.

La sua materia filmica ruota intorno all'idea di singolarità (da non confondersi con il concetto di essere singolare, spaziato e finito di nancyana memoria), di quella dimensione dell'essere - alterità (culturale, politica, sociale, di gender, simbolica) che permea la condizione contemporanea e l'intero umore dei suoi film. Se in *Call Me by Your Name* essa era insinuata dallo status fin troppo avanguardistico del nucleo familiare, così libertario ed emancipato per l'epoca in cui si collocava, nell'ultimo film, *Suspiria*, essa persiste nella congruenza degli eventi sociali estremi con quelli, altrettanto originali, che accadono nel microcosmo interno dell'Accademia di danza berlinese.

Lo spostamento costante di prospettiva lo deborda verso quella visionarietà che ascende dalle avanguardie sperimentali del cinema d'auteur, anarchiche e provocatorie e verso quella audacia che ne fa rinnovare la loro forza, depistandone i codici. Da questo intenso processo di rimasticamento perviene un oggetto ibrido che insiste sulle sue fascinazioni per il sapere come emancipazione soggettiva, per l'arte come elemento ispirativo della narrazione, per la ridiscussione del genere a cui esso attinge. É comunque un oggetto che turba, sollecita, che attrae o respinge, che divide o appassiona, che crea dibattito o annienta. É un oggetto amniotico e frenetico.

Il suo ultimo film *Suspiria* (2018), da questo punto di vista, è un artificio alchemico poiché infrange gli incancreniti generi cinematografici, li mescola e li rifonda divenendo quasi un oggetto di studi visuali. Succeduto al conclamato *Call Me by Your Name* (2017), *Suspiria*, è un paradigma decostruzionista che si avvolge come una ellisse e che inghiotte uno dopo l'altro il romanzo *Suspiria De Profundis* (1845) di Thomas de Quincey e il *Suspiria* cinematografico (1977) di Dario Argento, da cui ascende dialogicamente, per farne altro.

Nessuna idea di remake cinematografico cova dentro a questa opera che è piuttosto un emblema di reinvenzione linguistica e che, partendo da de Quincey e oltrepassando Argento,

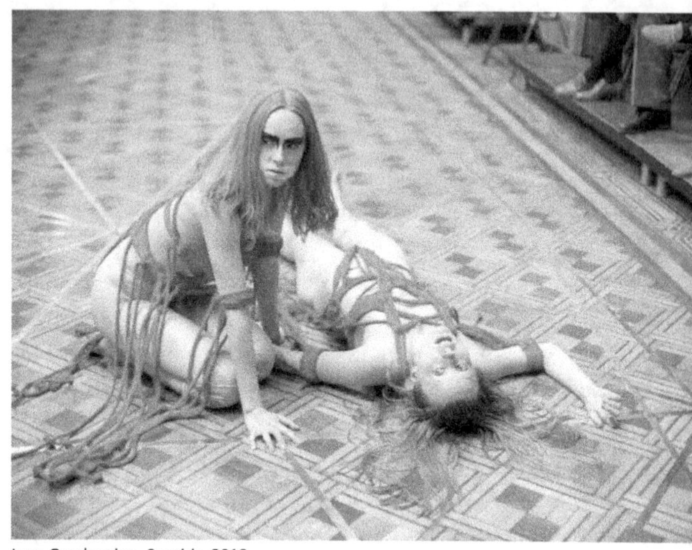

Luca Guadagnino, *Suspiria,* 2018
Courtesy: Amazon Studios

riposiziona i fili narrativi e connettivi con una realtà situata. Il regista, in questo caso, azzarda e sviluppa una idea perturbante, ammantata di misteri e di enigmi e che si srotola in un contesto politico centrale della storia contemporanea. Nel film si combinano acrobaticamente una Germania messa sotto scacco dalla RAF, Rote Armee Fraktion nella trattativa del 1977 per il sequestro del presidente della confindustria tedesco-occidentale Hanns-Martin Schleyer (ex-membro del Partito Nazista) e la sparizione di una danzatrice (della Markos Tanz Company, una prestigiosa accademia di danza) assommata diametralmente alla scomparsa di una terrorista della Banda Baader-Meinhof.

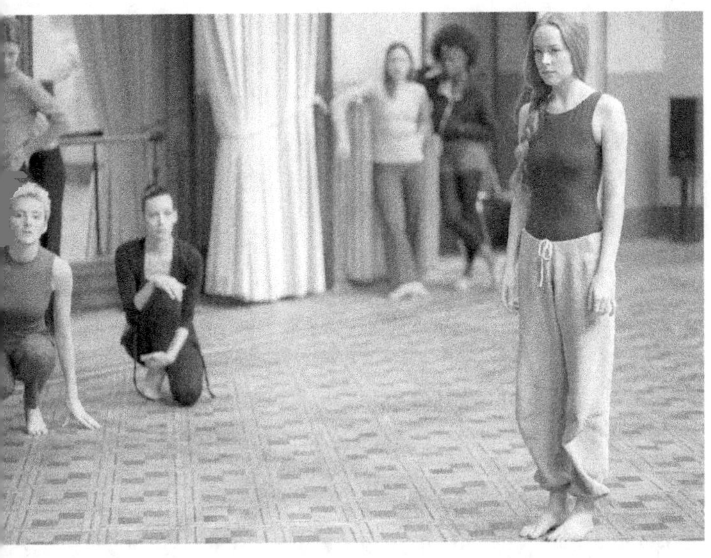

Vorticosamente si susseguono *cut up* estetici, immagini di archivio del rapimento e della guerriglia urbana nella capitale tedesca, flashback alternati a plumbei incubi notturni, psichedelie orgiastiche, appropriazioni artistiche raffinatissime e una colonna sonora conturbante, costruita da Thom Yorke dei Radiohead e così serratamente, fino all'ultimo respiro.

E questa frizione tra interno ed esterno, tra intimità e socialità, tra corpo e anima concorre a infittire e impreziosire un film che nel suo divenire sorprende, sgomenta, meraviglia e si posiziona nell'inconscio. Gli accadimenti del film sottoscrivono un mondo apparente, costruito su creature fiammeggianti e un mondo oscuro e divinatorio, piramidalmente architettato intorno al segreto della *grande* madre, alla *Mater Suspiriorum*, che insieme a *Mater Tenebrarum* e *Mater Lacrimarum* costituisce la triade di antiche e malvagie streghe che con i loro poteri tendono a manipolare gli eventi del mondo. Questi due universi si amalgamano, si accordano, si liquefanno tra loro. Si arrotolano tra le spire di segreti custoditi come scrigni preziosi che qualcuno però vorrebbe svelare. Si intersecano in un passato che riporta agli orrori del Terzo Reich e si collocano nel presente dispotico del terrorismo Raf. Guadagnino ordisce un dispositivo temporale che rimanda a potenti significazioni simboliche e che rimuove pulsioni ancestrali, intessendo un tempo obliquo in cui si incrociano asimmetrie di senso.

In questo tempo autoriale ma profondamente pulsante, il regista introduce una cinemacchina fantasmatica di sofisticato e nodale ricorso artistico. Una mirabolante sequenza psico-visiva che si appropria delle grandi madri della performance art contemporanea e che il regista re-immagina e riproietta attraverso gli incubi di Susie Bannion, la protagonista del film. Con una purezza esemplare, Guadagnino ripercorre i gesti corporei delle più importanti performer degli anni Settanta.
La performance art, infatti, è stato il linguaggio estetico che ha tentato di scardinare i conflitti dell'essere umano, scatenando i contrasti tra desiderio e difesa, tra autolesionismo e piacere. È stato l'atto radicale che accomuna se stessi al mondo, incorporando la carne alla percezione di esso. Soprattutto, la performance art è stata (ed è) l'esperienza estetica che ha fatto del corpo il motore fisico e simbolico dell'essere-nel-mondo,

incrinando la distanza tra arte e vita. Attraverso il corpo la percezione del desiderio tende ad intensificare i processi conoscitivi dell'inconscio, a rimuoverli e farli esplodere in atto artistico. La corporeità performatica si esperisce come altra e dissidente, diviene una sorta di macchina desiderante che intensifica tutti i processi conoscitivi dell'inconscio. È attraverso il corpo, dunque, che la percezione del desiderio tende ad accelerare i processi liberatori e le spinte contestatorie. Gli artisti della Body Art, negli anni Sessanta e Settanta, attraverso l'inquietante sconfinamento fisico, tendevano a rimuovere tutte le forze pulsionali dell'io. In questo contesto, la performance diventa una sorta di attacco radicale e un luogo di trasgressione che, attraverso la sua invadenza fisica e la sua traumatica percezione, opera una rivoluzionaria svolta psico - culturale e psico - sociale, capovolgendo il conformismo del pensiero dell'epoca e riavvalorando il divenire del soggetto. La ridefinizione dell'identità di genere, attraverso il femminismo radicale, traina un passaggio epocale per la riattribuzione di valori, dignità e diritti. Delle battaglie femministe, in

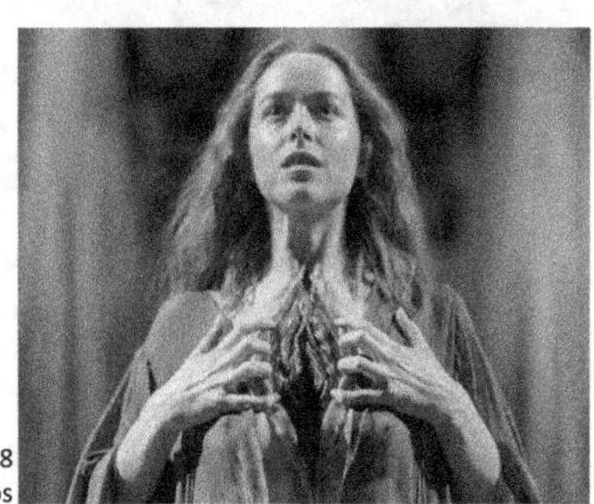

Luca Guadagnino, *Suspiria,* 2018
Courtesy: Amazon Studios

particolare, il linguaggio performatico ne ha condensato la sua densità concettuale, poiché ha convogliato il processo emancipativo femminile in azione shoccante.

A rappresentare questa declinazione linguistica, fortemente sovvertitrice, sono soprattutto artiste di intensità poetica e politica che colgono le asimmetrie del mondo per inscenarne le aporie, le disarmonie e le proprie emotività e tra cui, le più leggendarie sono Gina Pane, Ana Mendieta, Marina Abramović, Valie Export e Carolee Schneemann.

É evidente che l'attenta immersione nella performance art crea nel film uno stato di deragliamento e di visionarietà eclatante ma che ricuce i termini simbolici della diegesi. É uno stato di tensione emotiva e di ribellione "morale" che le azioni performatiche tendono a evidenziare, un sentirsi in contrapposizione alle logiche socio-culturale e politiche correnti. La genesi e l'affermazione della performance art fin

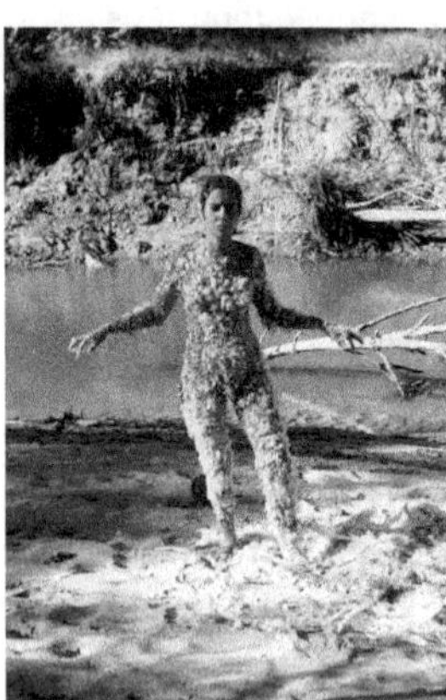

Ana Mendieta, *Untitled (Blood and Feathers)*, 1974
Collezione Raquelín Mendieta Family Trust
Courtesy: Galerie Lelong, New York

dagli anni Settanta, ci racconta ossessivamente il suo intrinseco antagonismo al sistema e l'abissale scarto tra vita activa e autorità (qualsiasi essa sia).

Ciò funge perfettamente alla dimensione paradigmatica del film che introietta nelle sue pieghe gli elementi e i segmenti di destabilizzazione linguistica. Così i ricorsi performatici si fanno più serrati e onirici nel "ripescaggio" dell'artista cubana Ana Mendieta, che attraverso le sue azioni fisiche psicotiche, scaglia con tutta la violenza del proprio vissuto, l'ennesima denuncia dell'oppressione femminile. Le siluetas che l'artista delinea attraverso le sue impronte corporee impresse su canovacci, su pavimenti o muri (*Untitled: Silueta Series, Mexico,* 1976) o disegnandole con sassi, pietre e fiori o segnandole con il sangue (*Body Tracks,* 1974) o evidenziandole con i capelli o pelli di animali (*Dog,* 1974) o performandole in crudeli azioni di abuso (*Rape,* 1973) non sono che le metafore parossistiche dell'abiezione a cui è condannata la donna. Una proiezione del *male in polvere.*

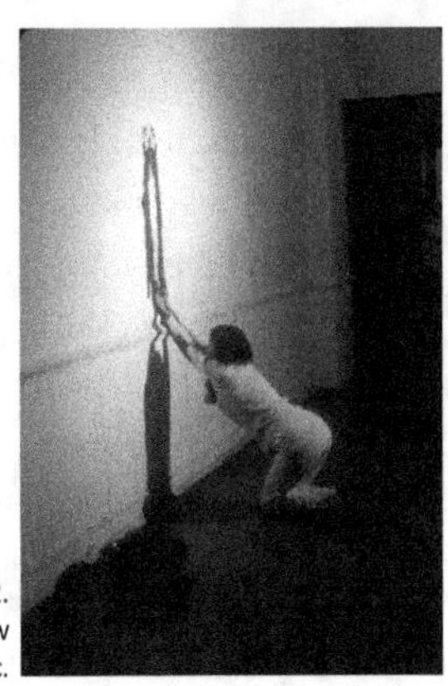

Ana Mendieta, *Body Tracks*, April 8, 1982. Performance a Franklin Furnace in Tribeca, New York. Courtesy: Franklin Furnace Archive, Inc.

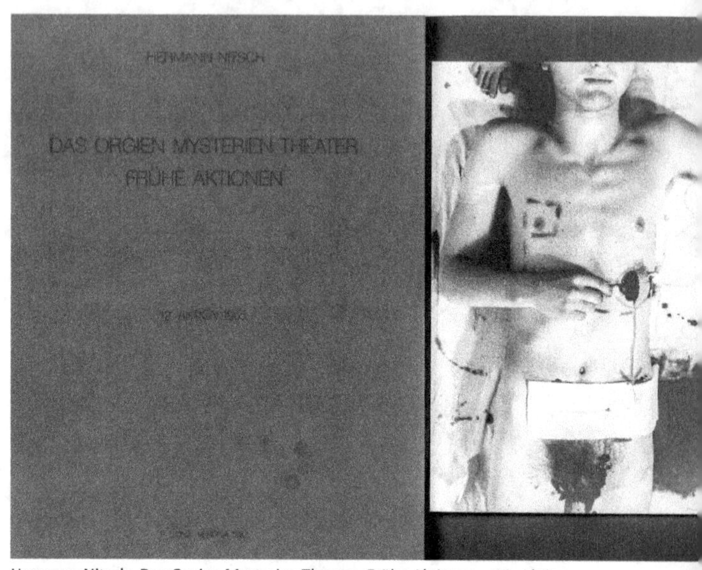

Hermann Nitsch, *Das Orgien Mysterien Theater. Frühe Aktionen – 12. Aktion*, libro con 8 foto e 1 azione reliquia, Francesco Conz, Verona 1982

In un fantasmagorico citazionismo, Guadagnino riavvita inoltre le estremizzazioni corporee di Francesca Woodman, fotografa e performer americana che utilizza il corpo in relazione all'ambiente naturale e architettonico circostante e lo *assorbe* (attraverso alberi, carta da parati, armadi, stipiti di porte, finestre) nelle sue "disordinate geometrie interiori".

Non è dunque la ricerca di un immaginario sensazionalistico ad effetto shock quella che trabocca dalle immagini di questa *Suspiria,* elettrica e ipnotica. É piuttosto la messa in risalto del ruolo rivoluzionario della donna maturato nelle lotte degli anni Settanta, in cui veniva messa in crisi l'identità di genere. Il linguaggio performatico ha rappresentato la densità simbolica della battaglia per la conquista dei diritti e per l'affermazione del divenire del soggetto. E questo radicalismo femminista, privo di qualsiasi goccia di vittimismo, che pervade costantemente le immagini, conferisce un punto di svolta alla prospettiva semantica del film, attestandolo come un oggetto di affezione controcorrente e sedizioso.

L'irruenza orgiastica quasi spettacolare della scena del grande Sabba in cui si scatena lo scontro per la supremazia femminile è, a tutti gli effetti, ispirata all'*Orgien-und-Mysterien-Spiel*, (il Teatro delle orge e dei misteri) di Hermann Nitsch (Vienna, 1938), in particolare al suo dissacrante *Aktionstheater* (Teatro d'azione) in cui, con procedimento rituale-collettivo pratica operazioni di sventramento di vitelli, pecore e altri animali, con calpestamenti di sangue e sostanze organiche, coinvolgendo nell'azione gli attori che vengono trascinati in una sorta di delirio estatico.

Lo scossa splatter che in *Suspiria* ha una dimensione sovvertitrice e che filigrana tutta la sua narrazione con accensioni perfino memorabili, è sempre assommata e suggellata dalla sua corrispondenza artistica. Ed è palpabile quanto il regista abbia giocato sull'osmosi sottile e sofisticata che intercorre tra lo splatter (come genere) e la performance art (come atto artistico) attraverso l'analogia materica e simbolica del sangue finzionale e di quello reale. Quanto essi stessi, lo splatter e la performance art, per loro natura, galleggino e sconfinino nella dimensione dell'inquietante e del rimosso e attivino quei processi psichici che non affiorano alla coscienza ma si inabissano nell'inconscio.

Suspiria incarna uno sguardo deviante sul sapere e sulla conoscenza e solo la profondità della sua narrazione ci spinge a ridiscutere il nostro Sé molteplice.

Come sosteneva vibratilmente Louise Bourgeois "L'artista è un lupo solitario. Ulula tutto solo. Il che però non è così terribile, perché lui ha il privilegio di essere in contatto con il proprio inconscio. Sa dare alle sue emozioni una forma, uno stile. Fare arte non è una terapia, è un atto di sopravvivenza. Una garanzia di salute mentale. La certezza che non ti farai del male e che non ucciderai qualcuno".

L'arte, dunque, nella sua malia, ci regala la possibilità di ripararci dalla omogeneizzazione del pensiero, spingendoci come una marea in tormenta verso forme immaginifiche di esistenze artificiose e/o realistiche, dissipando le nostre resistenze inconsce e accendendo le nostre pulsioni di cura e di affetto per l'esistere. Ci preserva dal rischio di "portare il deserto nell'oasi" e ci offre la scelta di cambiare, conservare o fondare il mondo. Ci spalanca le vie di fuga dal banale e ci attorciglia nelle spire dello straordinario, ci propone l'evasione dall'ovvio e ci avvinghia all'insolito, ci garantisce la distinzione.

Alla sua linfa sorprendente si affidano gli artisti e i pensatori per inventare immagini e fabbricare concetti. Ma non per questo uscire dall'esistenza.

Noi ci consideriamo essere liminari, plasmabili e sperimentali e ci identifichiamo in quella dimensione di infinitezza in cui lasciarsi cadere per abbandonarsi al desiderio.

Perciò ci riconosciamo pienamente in quella tribù di esploratori che si concedono all'avventura del proprio pensiero, che sentono il proprio daimon sotto la pelle e non lo rimuovono neppure ma se ne avvalgono per aprire varchi mentali insperati. Aperture che consentono di spostare montagne, filmare tornadi e congiungere i lembi dei mari (Francis Alÿs), performare poesie (John Giorno), intagliare odori e dipingere con le polveri (Luca Vitone), disegnare il suono (Sislej Xhafa) scolpire il silenzio (Francis Alÿs) e musicarlo (John Cage), affrescare il cinema (Luca Guadagnino) e sublimare il pianto (Bas Jan Ader).

E, distorcere, polverizzare il pensiero conforme.

Pensiero discordante
di Teresa Macrì

postmedia books 2018
60 pp. 27 ill.
isbn 9788874902101

Postmedia Srl
Milano
www.postmediabooks.it